AF221742

Impressum
Verlag: BABADADA GmbH, Nedderfeld 112 , 22529 Hamburg
Geschäftsführer / Verlagsleitung: Harald Hof
Druck: Books on Demand GmbH, In de Tarpen 42, 22848 Norderstedt

Imprint
Publisher: BABADADA GmbH, Nedderfeld 112 , 22529 Hamburg, Germany
Managing Director / Publishing direction: Harald Hof
Print: Books on Demand GmbH, In de Tarpen 42, 22848 Norderstedt, Germany

# училище

# sekolah

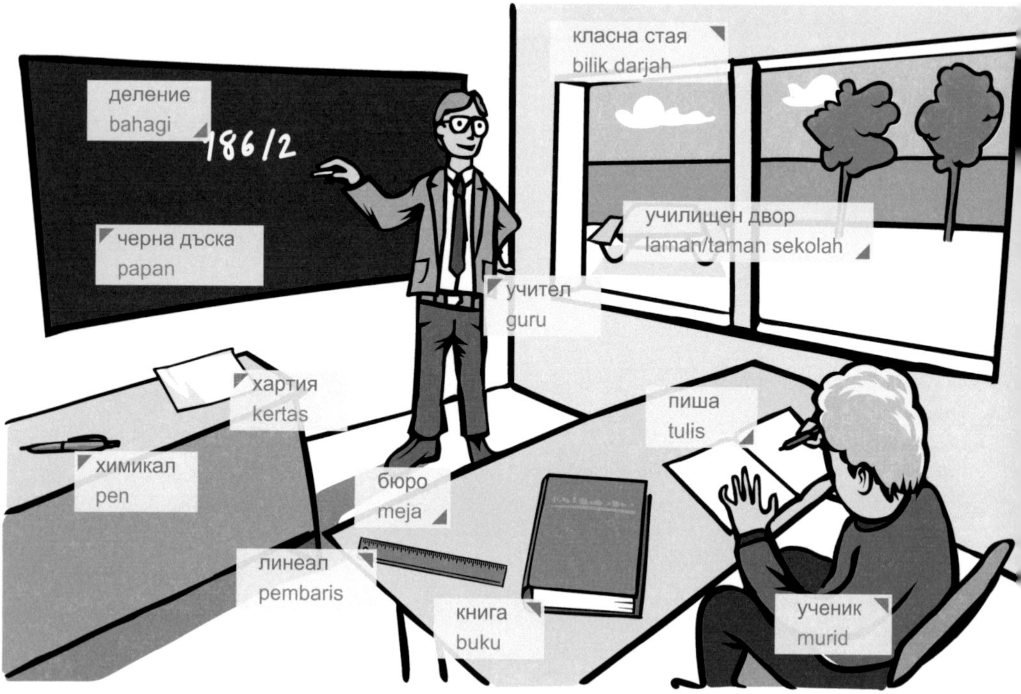

класна стая
bilik darjah
деление
bahagi
186/2
черна дъска
papan
училищен двор
laman/taman sekolah
учител
guru
хартия
kertas
пиша
tulis
химикал
pen
бюро
meja
линеал
pembaris
книга
buku
ученик
murid


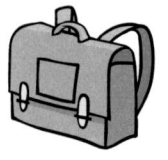

ученическа раница

beg galas

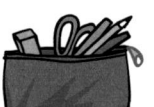

ученически несесер

kotak pensel

молив

pensel

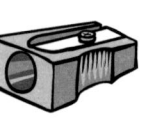

острилка за моливи

pengasah pensel

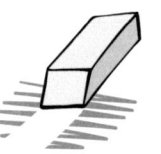

гума

pemadam

блок за рисуване

kertas lukisan

рисунка

melukis

четка

berus lukis

акварелни бои

kotak warna

ножица

gunting

лепило

gam

тетрадка за упражнения

buku latihan

домашна работа

kerja rumah

число

nombor

събиране

tambah

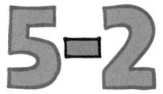

изваждане

tolak

умножение

darab

смятане

kira

буква

huruf

азбука

abjad

дума

kata

текст

teks

чета

baca

тебешир

kapur

час

pelajaran

дневник на класа

daftar

изпит

peperiksaan

свидетелство

sijil

ученическа униформа

uniform sekolah

образование

pendidikan

справочник

ensiklopedia

университет

universiti

микроскоп

mikroskop

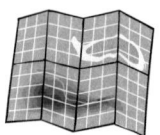

карта

peta

кошче за хартиени
отпадъци

bakul sampah

# пътуване
# berjalan

хотел
hotel
Grand
хостел
asrama
ROOMS
обменно бюро
pejabat tukaran mata wang
EXCHANGE
куфар
beg pakaian
кола
kereta


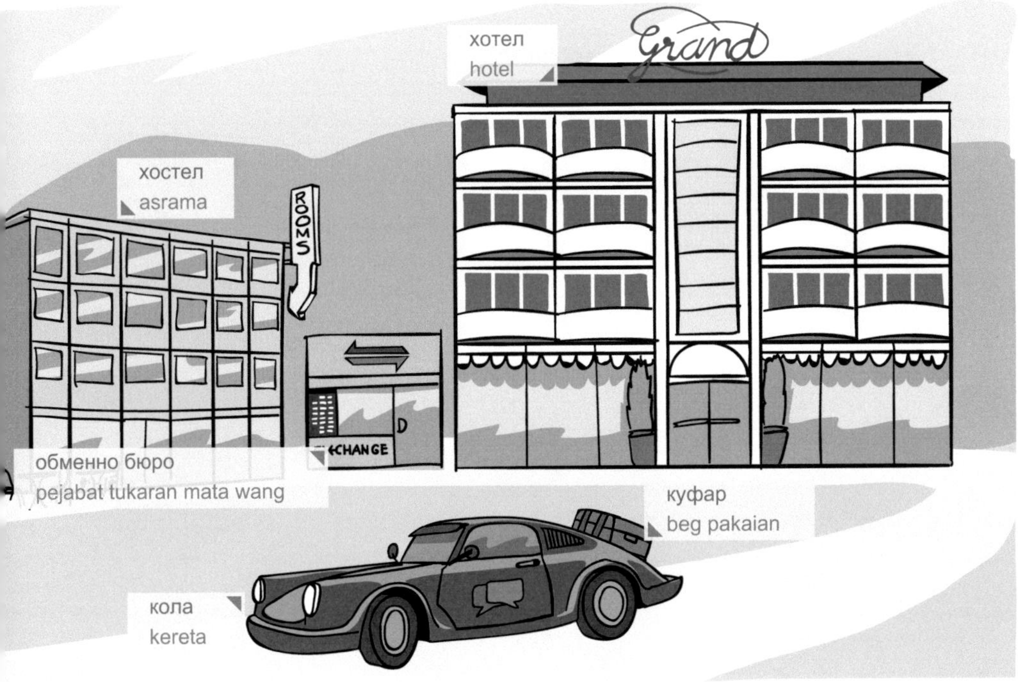

език

bahasa

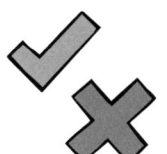

да / не

ya / tidak

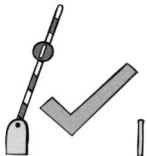

Окей

okey

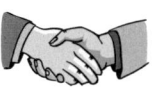

здравей

helo

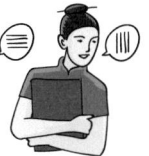

преводач

penterjemah

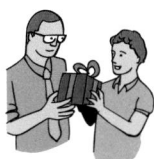

Благодаря

Terima kasih

Колко струва…?

berapa banyak…?

Не разбирам

saya tidak faham

проблем

masalah

Добър вечер!

Selamat petang!

Добро утро!

Selamat Pagi!

Лека нощ!

Selamat Malam!

довиждане

selamat tinggal

посока

arah

багаж

bagasi

пътна чанта

beg

раница

beg galas

посетител

tetamu

стая

bilik tidur

спален чувал

beg tidur

палатка

khemah

туристическа информация

maklumat pelancong

плаж

pantai

кредитна карта

kad kredit

закуска

sarapan

обед

makan tengah hari

вечеря

makan malam

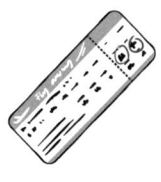

билет

tiket

асансьор

lif

пощенска марка

setem

граница

sempadan

митница

kastam

посолство

kedutaan

виза

visa

паспорт

pasport

# транспорт
## pengangkutan

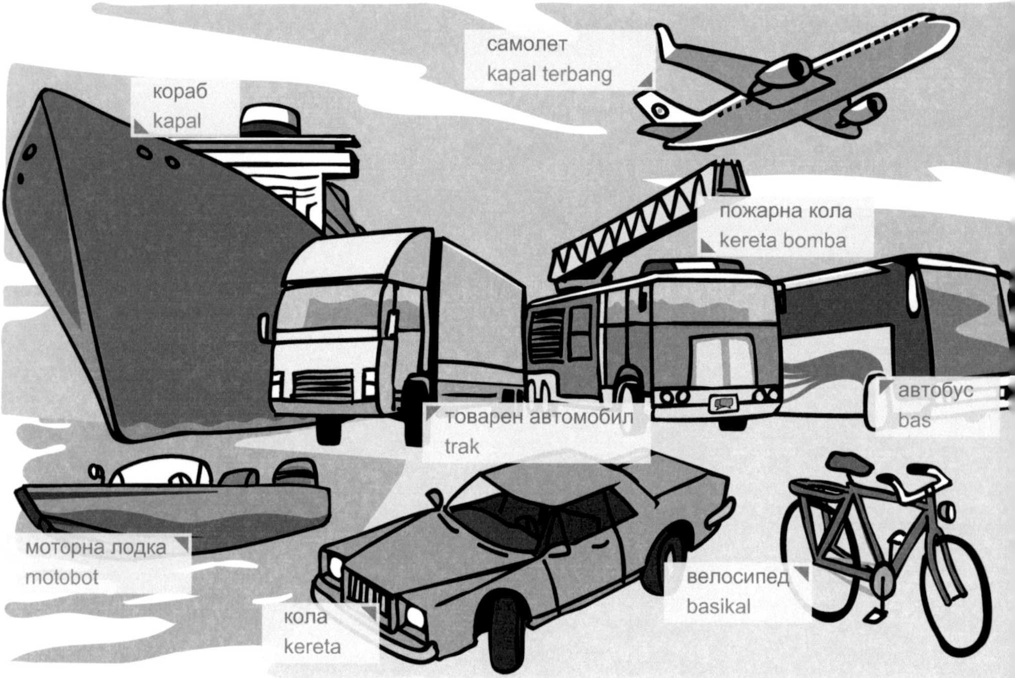

кораб
kapal

самолет
kapal terbang

пожарна кола
kereta bomba

автобус
bas

товарен автомобил
trak

моторна лодка
motobot

кола
kereta

велосипед
basikal

ферибот

feri

лодка

bot

мотоциклет

motosikal

полицейска кола

kereta polis

състезателна кола

kereta lumba

кола под наем

kereta sewa

каршеринг

berkongsi kereta

автомобил от "Пътна помощ"

trak tunda

сметовоз

trak menolak

двигател

motor

бензин

bahan api

бензиностанция

stesen minyak

пътен знак

tanda trafik

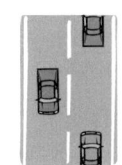

улично движение

trafik

задръстване

kesesakan lalu lintas

паркинг

tempat parkir

гара

stesen kereta api

релси

trek

влак

kereta api

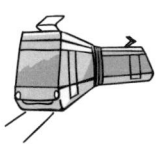

трамвай

trem

вагон

gerabak

хеликоптер

helikopter

аерогара

lapangan terbang

кула

Menara

пасажер

penumpang

контейнер

bekas

кашон

kadbod

ръчна количка

kart

кошница

bakul

излитам / приземявам се

berlepas / mendarat

## град

## bandar

село

kampung

градски център

pusat bandar

къща

rumah

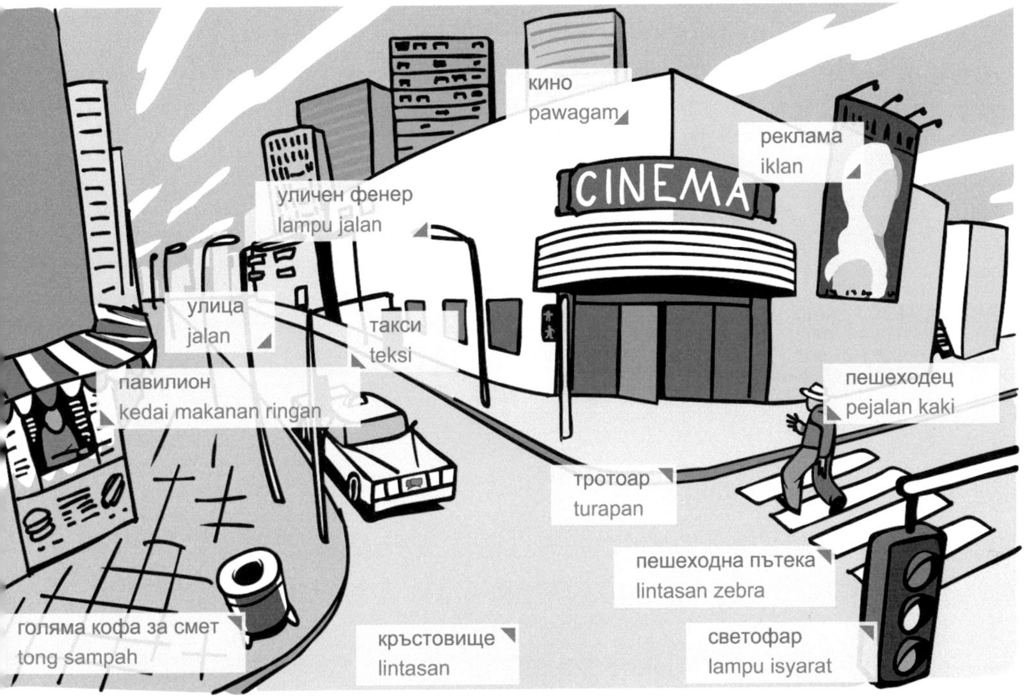

кино
pawagam
реклама
iklan
CINEMA
уличен фенер
lampu jalan
улица
jalan
такси
teksi
павилион
kedai makanan ringan
пешеходец
pejalan kaki
тротоар
turapan
пешеходна пътека
lintasan zebra
голяма кофа за смет
tong sampah
кръстовище
lintasan
светофар
lampu isyarat

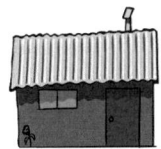

хижа

pondok

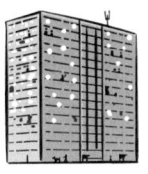

жилище

flat

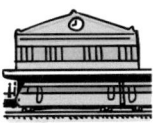

гара

stesen kereta api

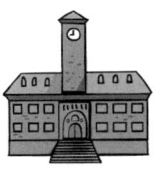

кметство

dewan bandar

MUSEUM

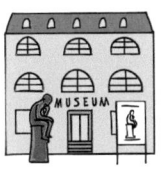

музей

muzium

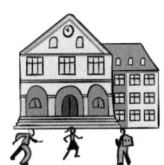

училище

sekolah

университет

universiti

банка

bank

болница

hospital

хотел

hotel

аптека

farmasi

офис

pejabat

книжарница

kedai buku

магазин за цветя

kedai

магазин за цветя

kedai bunga

супермаркет

pasar raya

пазар

pasaran

универсален магазин

gedung

търговец на риба

penjual ikan

търговски център

pusat membeli-belah

пристанище

pelabuhan

парк

taman

пейка

bangku

мост

jambatan

стълба

tangga

метро

bawah tanah

тунел

terowong

автобусна спирка

hentian bas

бар

bar

ресторант

restoran

пощенска кутия

peti surat

улична табелка

papan tanda jalan

часовник за паркинг
престой

meter parkir

зоологическа градина

zoo

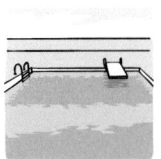

плувен басейн

kolam renang

джамия

masjid

селски двор

ladang

замърсяване на околната
среда

pencemaran

гробище

tanah perkuburan

църква

gereja

детска площадка

taman permainan

храм

kuil

## пейзаж
## landskap

листо
daun

пътепоказател
tiang tanda

път
jalan

ливада
padang rumput

камък
batu

дърво
pokok

пътешественик
pejalan kaki

река
sungai

трева
rumput

цвете
bunga

долина

lembah

планина

bukit

море

tasik

гора

hutan

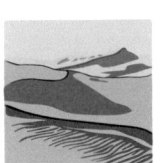

пустиня

padang pasir

вулкан

gunung berapi

замък

istana

дъга

pelangi

гъба

cendawan

палма

pokok kelapa sawit

комар

nyamuk

муха

terbang

мравка

semut

пчела

lebah

паяк

labah-labah

бръмбар

kumbang

жаба

katak

катеричка

tupai

таралеж

landak

заек

arnab

кукумявка

burung hantu

птица

burung

лебед

angsa

диво прасе

babi jantan

елен

rusa

лос

moose

бент

empangan

вятърна турбина

turbin angin

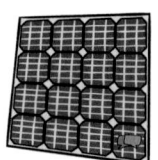

соларен модул

panel solar

климат

iklim

# ресторант

# restoran

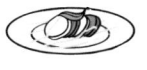

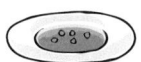

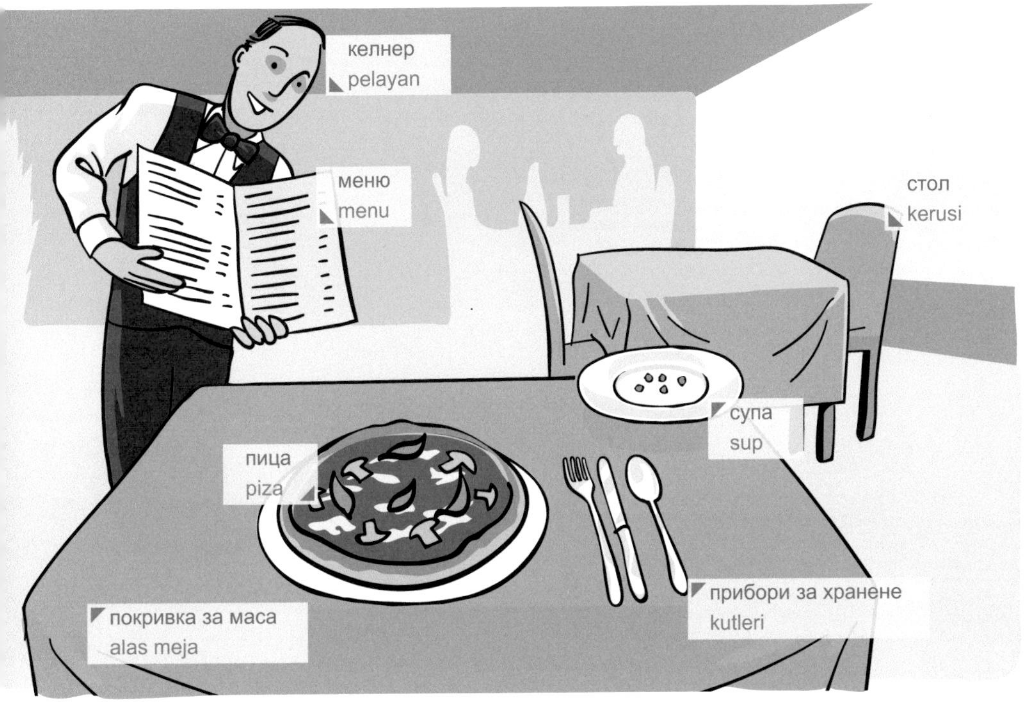
келнер
pelayan
меню
menu
стол
kerusi
супа
sup
пица
piza
прибори за хранене
kutleri
покривка за маса
alas meja

предястие

pemula

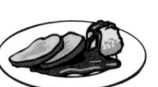

основно ястие

hidangan utama

десерт

pencuci mulut

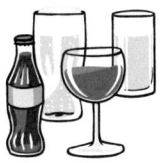

напитки

minuman

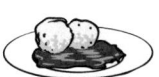

ядене

makanan

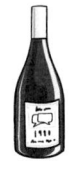

бутилка

botol

бързо хранене

makanan segera

улична храна

makanan jalanan

кана за чай

teko

кутия за захар

mangkuk gula

порция

bahagian

еспресо машина

mesin espreso

висок детски стол

kerusi tinggi

сметка

bil

табла

dulang

ножица за нокти

pisau

вилица

garfu

лъжица

sudu

чаена лъжичка

sudu teh

салфетка

serviette

стъклена чаша

gelas

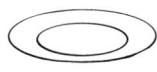

чиния

pinggan

чиния за супа

mangkuk sup

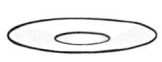

чинийка

piring

сос

sos

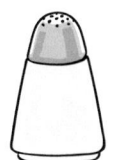

солница

tempat garam

мелничка за черен пипер

pengisar lada

оцет

cuka

олио

minyak

подправки

rempah

кетчуп

sos

горчица

mustard

майонеза

mayones

# супермаркет

# pasar raya

оферта
tawaran istimewa
FOR
клиент
pelanggan
млечни продукти
tenusu
плодове
buah-buahan
количка за покупки
troli

BUTCHERS

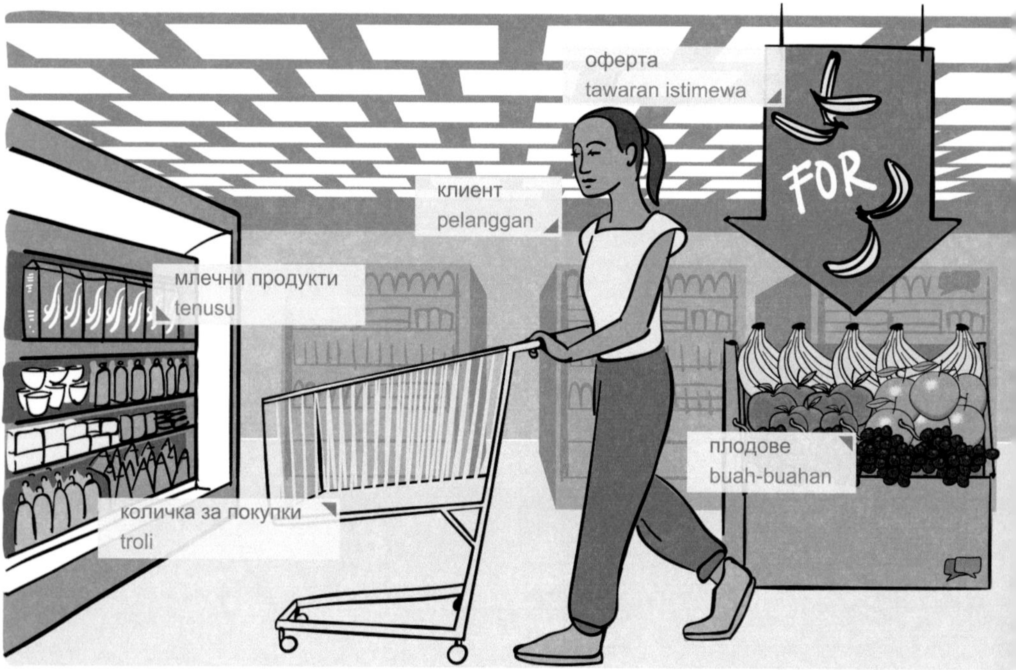

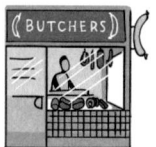

кланица

tukang daging

BAKERY

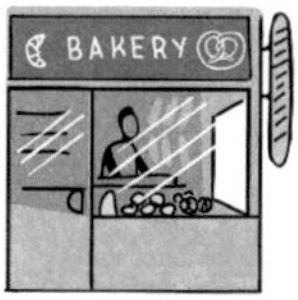

хлебарница

kedai roti

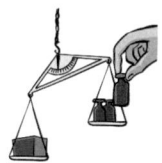

тегля

berat

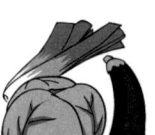

зеленчуци

sayur-sayuran

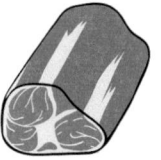

месо

daging

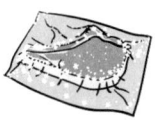

дълбоко замразена храна

makanan sejuk beku

нарязан колбас или
сирене
daging sejuk

консерви

makanan dalam tin

перилен препарат

serbuk pencuci

лакомства

gula-gula

домакински изделия

produk isi rumah

почистващи препарати

produk pembersihan

продавачка

orang jualan

каса

daftar tunai

касиер

juruwang

списък на покупките

senarai membeli-belah

работно време

waktu pembukaan

портфейл

beg duit

кредитна карта

kad kredit

чанта

beg

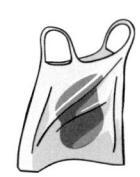

пластмасова торба

beg plastik

вода

air

сок

jus

мляко

susu

кола

kola

вино

wain

бира

bir

алкохол

alkohol

какао

koko

чай

the

кафе машина

kopi

еспресо

espreso

капучино

kapucino

банан

pisang

ябълка

epal

портокал

oren

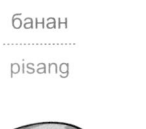

пъпеш

tembikai

лимон

lemon

морков

lobak merah

чесън

bawang putih

бамбук

buluh

лук

bawang

гъба

cendawan

ядки

kacang

макарони

mi

спагети

spageti

ориз

nasi

салата

salad

пържени картофи

kerepek

печени картофи

kentang goreng

пица

piza

хамбургер

hamburger

сандвич

sandwic

шницел

kutlet

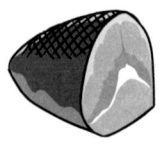

шунка

ham

траен колбас

salami

салам

sosej

пиле

ayam

печено

panggang

риба

ikan

овесени ядки

bubur oat

мюсли

muesli

корнфлейкс

emping jagung

брашно

tepung

кроасан

kroisan

хлебчета

roti roll

хляб

roti

препечена филийка

roti bakar

бисквити

biskut

масло

mentega

извара

dadih

сладкиш

kek

яйце

telur

яйца на очи

telur goreng

сирене

keju

сладолед

ais krim

захар

gula

мед

madu

мармалад

jem

нуга крем

krim nougat

къри

kari

# селски двор
# ladang

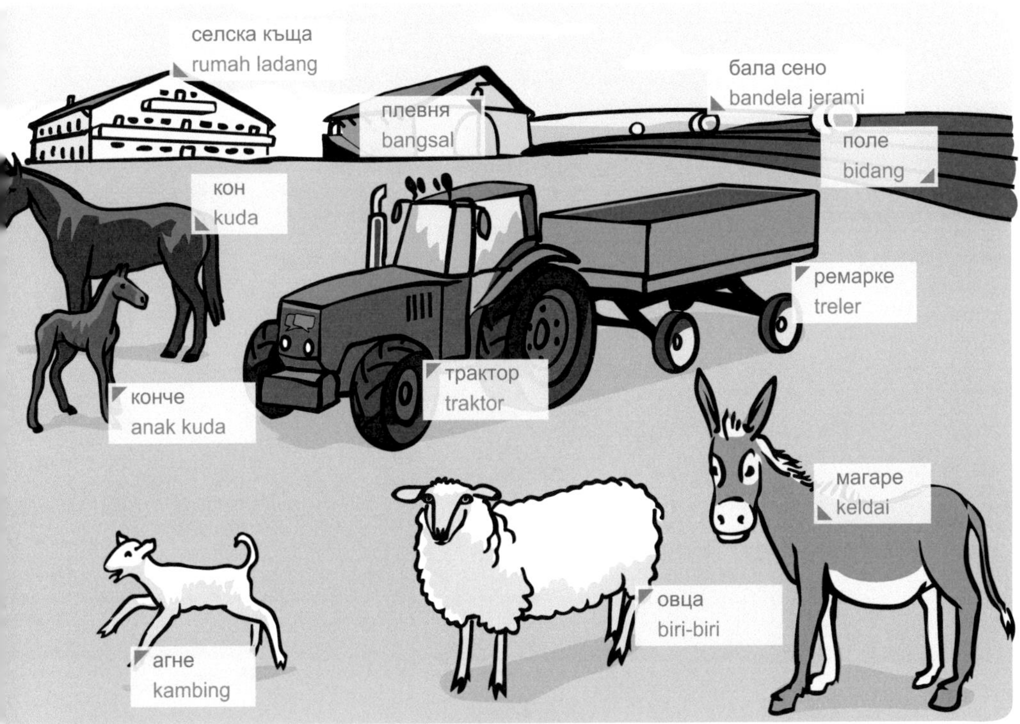

селска къща
rumah ladang
бала сено
bandela jerami
плевня
bangsal
поле
bidang
кон
kuda
ремарке
treler
трактор
traktor
конче
anak kuda
магаре
keldai
овца
biri-biri
агне
kambing


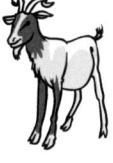

коза
kambing

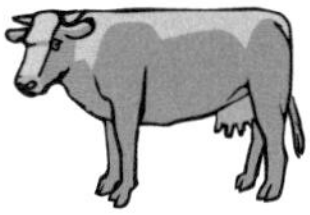

крава
lembu

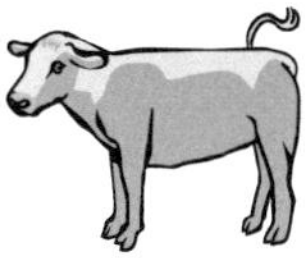

теле
anak lembu

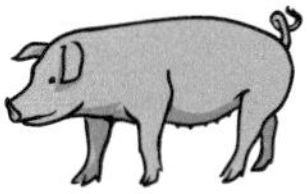

свиня
babi

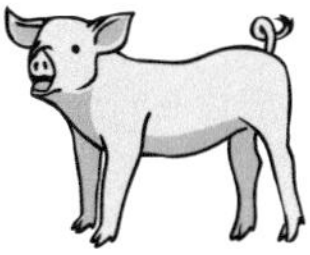

прасенце
anak babi

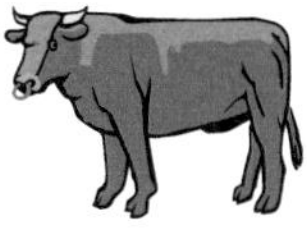

бик
lembu

гъска

angsa

патица

itik

пиленце

anak ayam

кокошка

ayam betina

петел

ayam jantan muda

плъх

tikus

котка

kucing

мишка

tikus

вол

lembu jantan

куче

anjing

кучешка колиба

rumah anjing

градински маркуч

hos taman

лейка

bekas siraman

коса

sabit

плуг

bajak

сърп

sabit

мотика

cangkul

вила за тор

serampang peladang

брадва

kapak

ръчна количка

kereta sorong

корито

palung

съд за мляко

tin susu

чувал

karung

ограда

pagar

обор

stabil

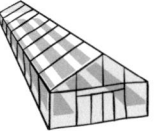

парник

rumah hijau

земя

tanah

сеитба

benih

тор

baja

комбайн

jentuai

жъна
................
tuai

реколта
................
menuai

ямс
................
keladi

жито
................
gandum

соя
................
soya

картоф
................
kentang

царевица
................
jagung

рапица
................
biji sawi

овощно дърво
................
pokok buah-buahan

маниока
................
ubi kayu

зърнени храни
................
bijirin

# къща
# rumah

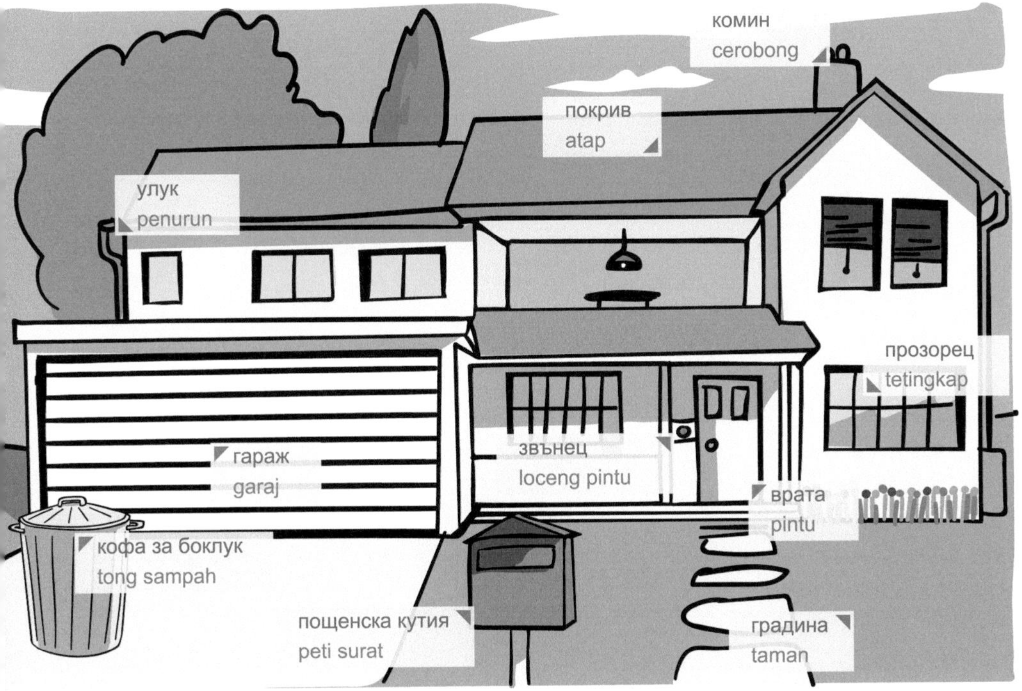

комин
cerobong
покрив
atap
улук
penurun
прозорец
tetingkap
гараж
garaj
звънец
loceng pintu
врата
pintu
кофа за боклук
tong sampah
пощенска кутия
peti surat
градина
taman


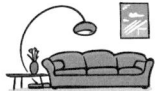

всекидневна

ruang tamu

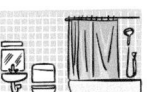

баня

bilik air

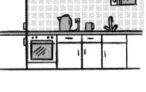

кухня

dapur

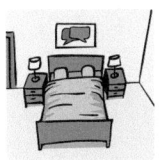

спалня

bilik tidur

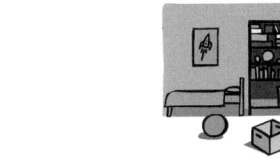

детска стая

bilik kanak-kanak

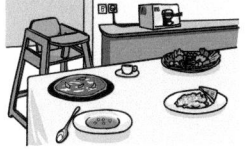

трапезария

ruang makan

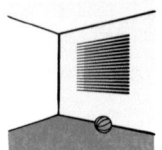

под

lantai

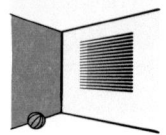

стена

dinding

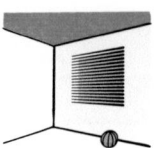

таван

siling

изба

bilik bawah tanah

сауна

sauna

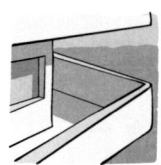

балкон

balkoni

тераса

teres

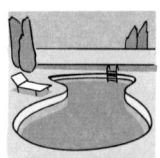

плувен басейн

kolam renang

косачка

pemotong rumput

спално бельо

lembaran

покривка за легло

penutup tilam

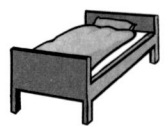

легло

katil

метла

penyapu

кофа

timba

електрически ключ

suis

# всекидневна

## ruang tamu

тапет
kertas dinding
картина
gambar
лампа
lampu
рафт
rak
шкаф
kabinet
телевизор
televisyen
камина
pendiangan
цвете
bunga
възглавница
kusyen
канапе
sofa
ваза
pasu
дистанционно управление
alat kawalan jauh


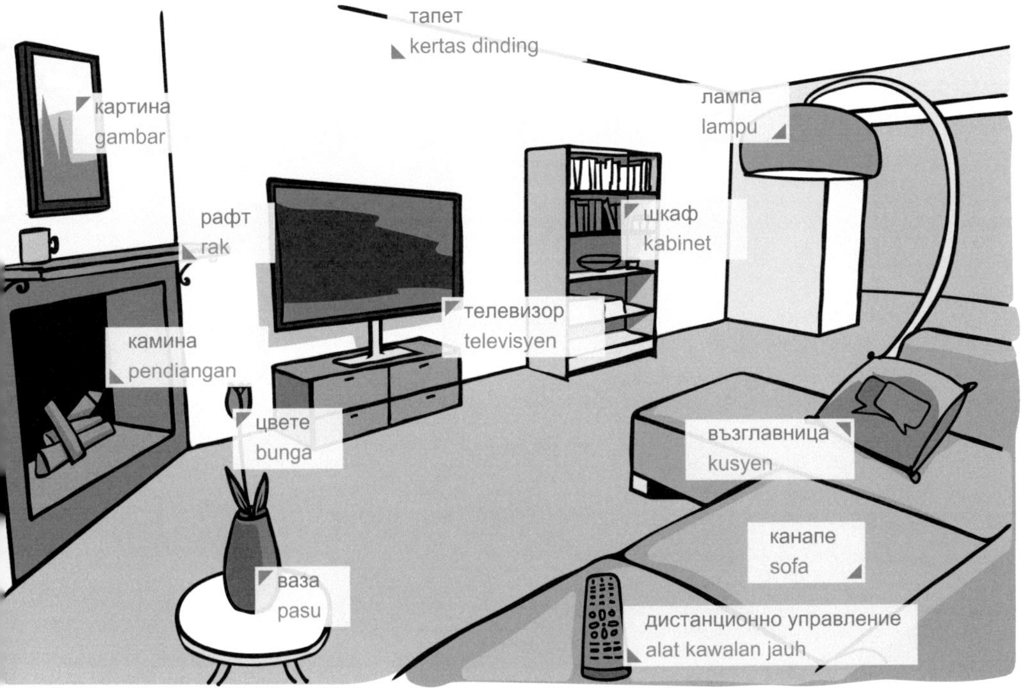

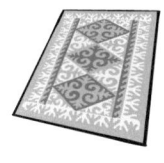

килим

permaidani

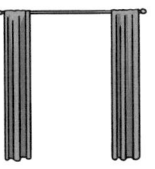

завеса

tirai

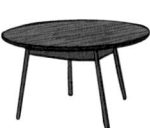

маса

meja

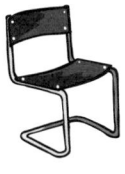

стол

kerusi

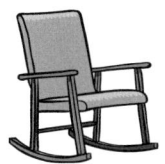

люлеещ се стол

kerusi malas

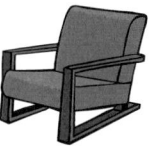

кресло

kerusi

книга

buku

одеяло

selimut

декорация

hiasan

дърва за отопление

kayu api

филм

filem

стерео уредба

hi-fi

ключ

kunci

вестник

akhbar

живопис

lukisan

постер

poster

радио

radio

бележник

buku catatan

прахосмукачка

penyedut habuk

кактус

kaktus

свещ

lilin

# кухня
# dapur

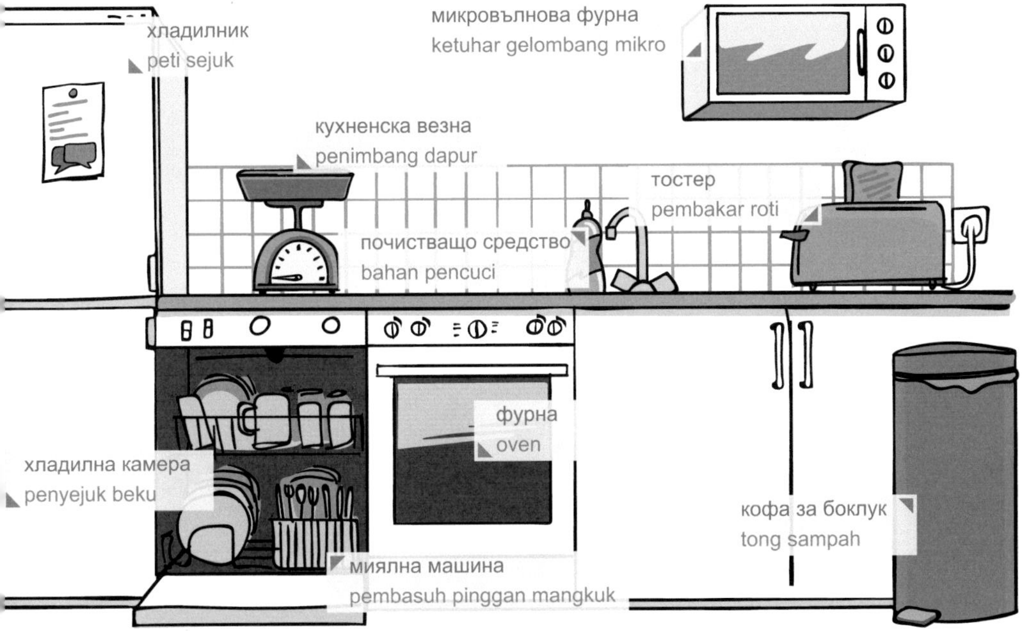

хладилник
peti sejuk
микровълнова фурна
ketuhar gelombang mikro
кухненска везна
penimbang dapur
тостер
pembakar roti
почистващо средство
bahan pencuci
фурна
oven
хладилна камера
penyejuk beku
кофа за боклук
tong sampah
миялна машина
pembasuh pinggan mangkuk


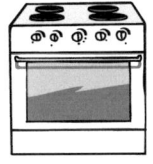

готварска печка

periuk dapur

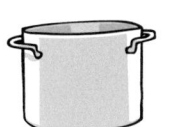

тенджера

periuk

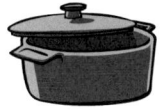

желязна тенджера

periuk besi

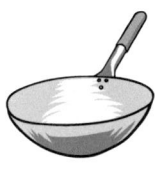

уок / кадаи

kuali

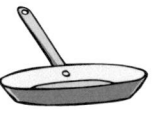

тиган

pan

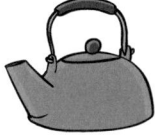

кана за затопляне на вода

cerek

уред за готвене на пара

pengukus

тава за печене

dulang pembakar

съдове

pinggan mangkuk

чаша

koleh

купа

mangkuk

клечки за хранене

penyepit

черпак

senduk

лопатка за тиган

spatula

тел за разбиване (на яйца, белтъци)

pengadun

кошница за варене

penapis

гевгир

ayak

ренде

pemarut

хаван

mortar

барбекю

barbeku

огнище

pembakaran terbuka

дъска

papan pencincang

точилка

pin golekan

тирбушон

skru gabus

кутия

tin

отварачка за консерви

pembuka tin

кухненска ръкохватка

pemegang periuk

мивка

sinki

четка

berus

гъба

span

миксер

pengisar

фризер

penyejuk beku

бебешко шише

botol bayi

воден кран

paip

# баня
# bilik air

отопление
pemanasan
душ
mandi
хавлиена кърпа
tuala
завеса за баня
tirai mandi
шампоан за вана
mandi buih
вана
tab mandi
стъклена чаша
gelas
перална машина
mesin basuh
воден кран
paip
плочки
jubin
гърне
tandas
мивка
sinki

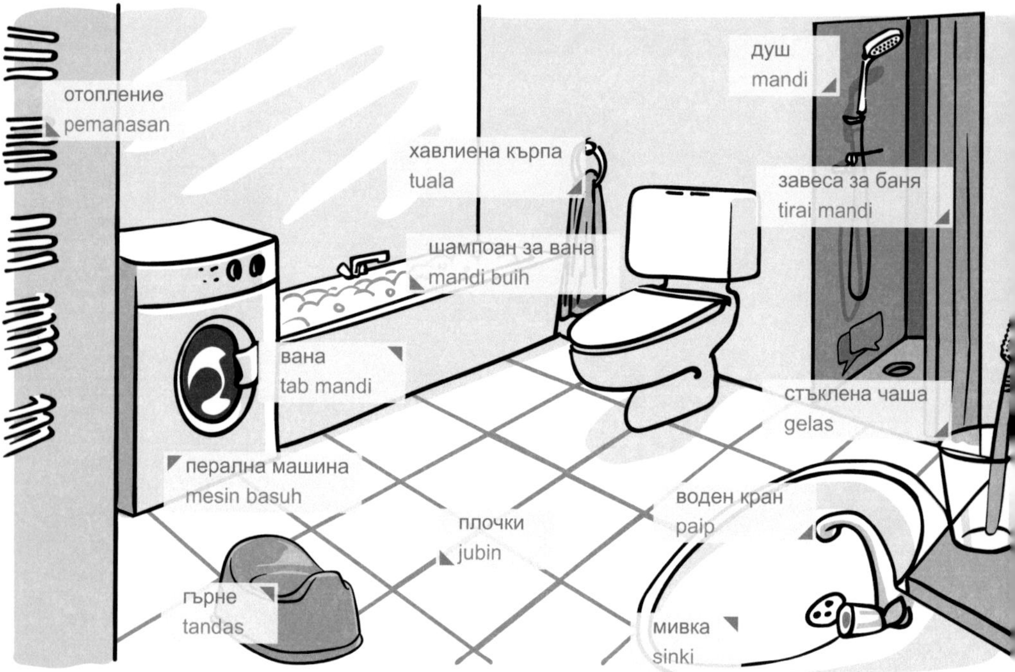

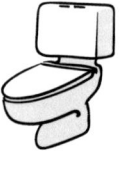

тоалетна
tandas

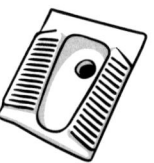

клекало
tandas mencangkung

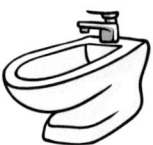

биде
mangkuk tandas

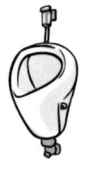

писоар
tandas awam

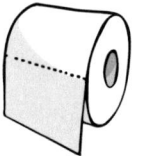

тоалетна хартия
kertas tandas

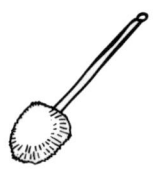

четка за тоалетна
berus tandas

четка за зъби

berus gigi

паста за зъби

ubat gigi

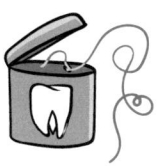

конец за зъби

flos gigi

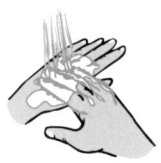

мия

cuci

ръчен душ

mandian tangan

интимен душ

pancuran

леген

besen

четка за гръб

belakang berus

сапун

sabun

душ гел

gel mandian

шампоан за вана

syampu

гъба за баня

flanel

сифон

longkang

крем

krim

дезодорант

deodoran

огледало

cermin

козметично огледало

cermin tangan

ръчна самобръсначка

pisau cukur

пяна за бръснене

busa cukur

одеколон за след
бръснене
selepas cukur

гребен

sikat

четка

berus

сешоар

pengering rambut

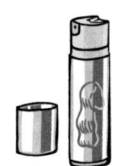

спрей за коса

semburan rambut

грим

mekap

червило

gincu

лак за нокти

varnis kuku

памук

bulu kapas

ножица за нокти

gunting kuku

парфюм

pewangi

тоалетна чантичка

beg basuhan

табуретка

bangku

везна

skala berat

хавлия

jubah mandi

домакински ръкавици

sarung tangan getah

тампон

kapas

дамски превръзки

tuala wanita

химическа тоалетна

tandas kimia

# детска стая
# bilik kanak-kanak

будилник
jam loceng
плюшена играчка
mainan kegemaran
автомобил играчка
kereta mainan
дрънкалка
kerincing bayi
къща за кукли
rumah anak patung
подарък
hadiah

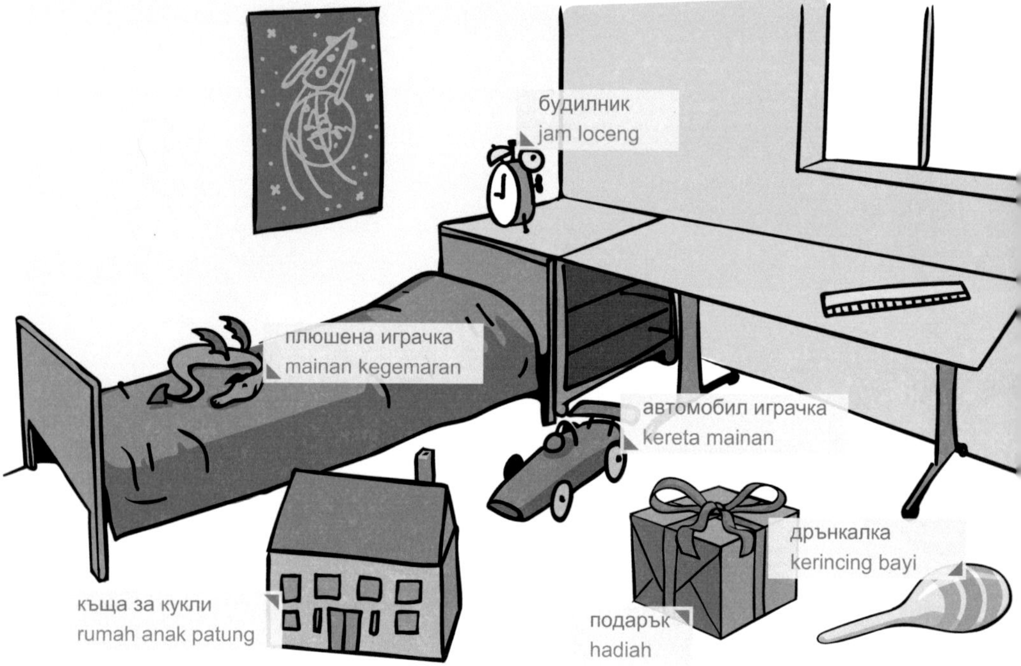

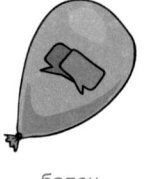

балон

belon

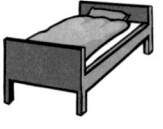

легло

katil

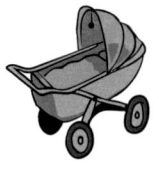

детска количка

kereta sorong bayi

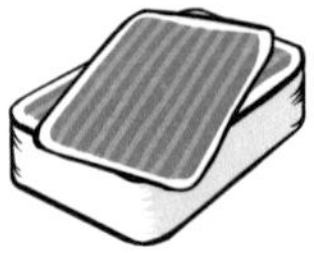

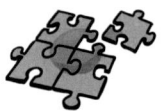

игра на карти

set kad

пъзел

susun suai gambar

SUPER
MEGA

комикс

komik

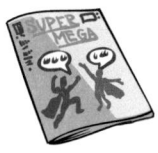

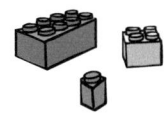

лего елементи

batu bata lego

строителни елементи

blok mainan

екшън фигурка

figura aksi

бебешки гащеризон

baju bayi

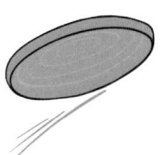

фрисби

frisbee

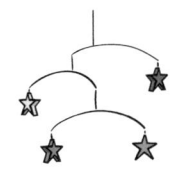

бебешки играчки за легло

mainan bayi mudah alih

настолна игра

permainan papan

зарче

dadu

миниатюрно влакче

set model kereta api

биберон

palsu

парти

parti

детска книга с илюстрации

buku bergambar

топка

bola

кукла

anak patung

играя

main

пясъчник

lubang pasir

люлка

buai

играчка

mainan

игрова конзола

konsol permainan video

велосипед с три колелета

basikal roda tiga

плюшено мече

anak patung beruang

гардероб

almari pakaian

# облекло

## pakaian

къси чорапи

stoking

дълги чорапи

stoking

чорапогащник

ketat

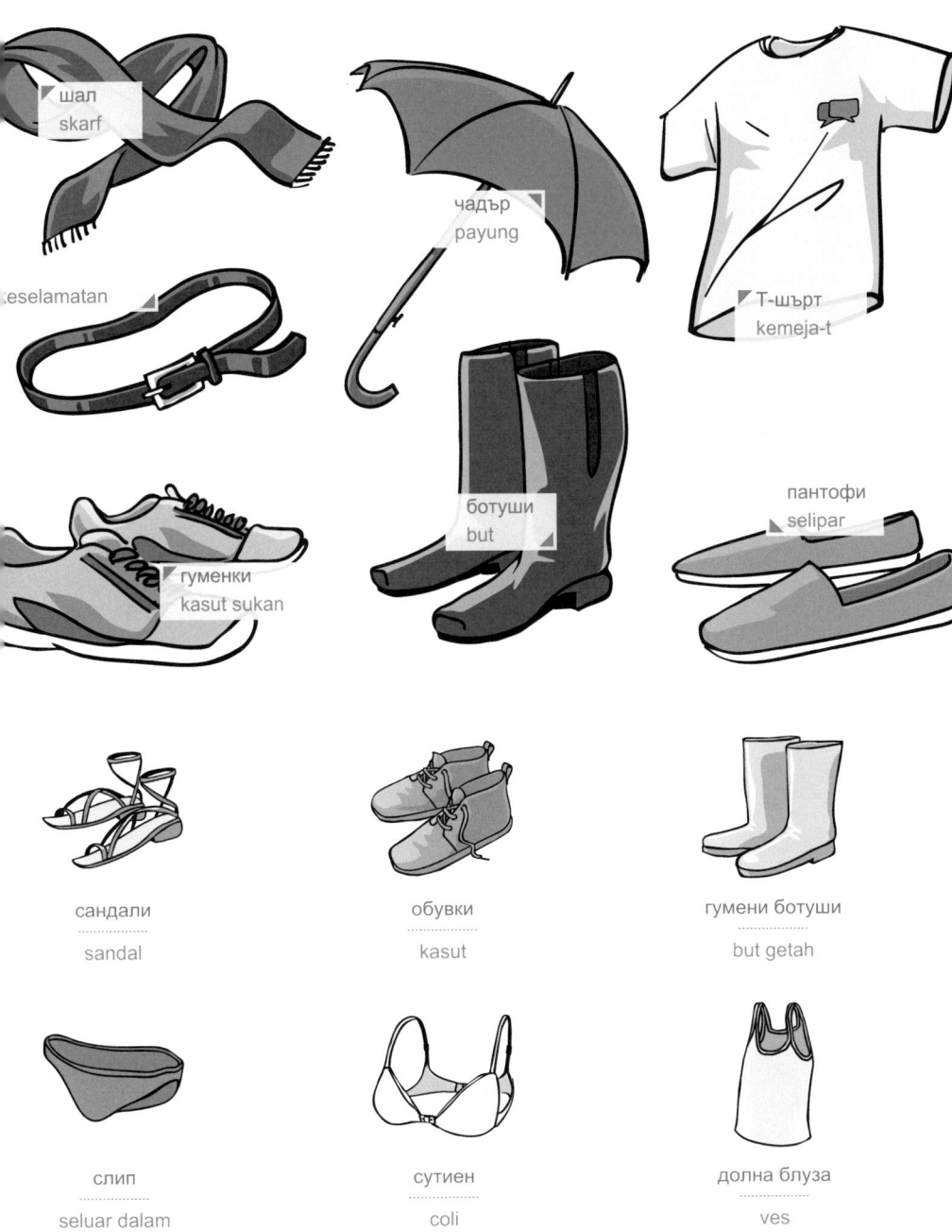

шал
skarf

чадър
payung

Т-шърт
kemeja-t

eselamatan

ботуши
but

пантофи
selipar

гуменки
kasut sukan

сандали
sandal

обувки
kasut

гумени ботуши
but getah

слип
seluar dalam

сутиен
coli

долна блуза
ves

боди

badan

панталон

Seluar panjang

дънки

jean

пола

skirt

блуза

blaus

риза

kemeja

пуловер

baju panas sarung

суичър

sweater

блейзър

blazer

яке

jaket

палто

kot

дъждобран

baju hujan

костюм

kostum

рокля

pakaian

булчинска рокля

baju pengantin

костюм

sut

нощница

baju tidur

пижама

baju tidur

сари

sari

кърпа за глава

skarf kepala

тюрбан

serban

бурка

burqa

кафтан

kaftan

абая

abaya/jubah

бански костюм

baju renang

плувни шорти

seluar renang

къс панталон

seluar pendek

анцуг

sut balapan

престилка

apron

ръкавици

sarung tangan

копче

butang

очила

cermin mata

гривна

gelang tangan

верижка

rantai leher

пръстен

cincin

обеца

subang

каскет

topi

закачалка

penyangkut kot

шапка

topi

вратовръзка

tali leher

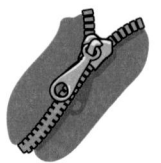

цип

zip

каска

topi keledar

тиранти

pendakap

ученическа униформа

uniform sekolah

униформа

seragam

лигавник

lapik dada

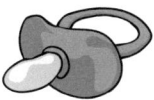

биберон

palsu

пелена

lampin

# офис
# pejabat

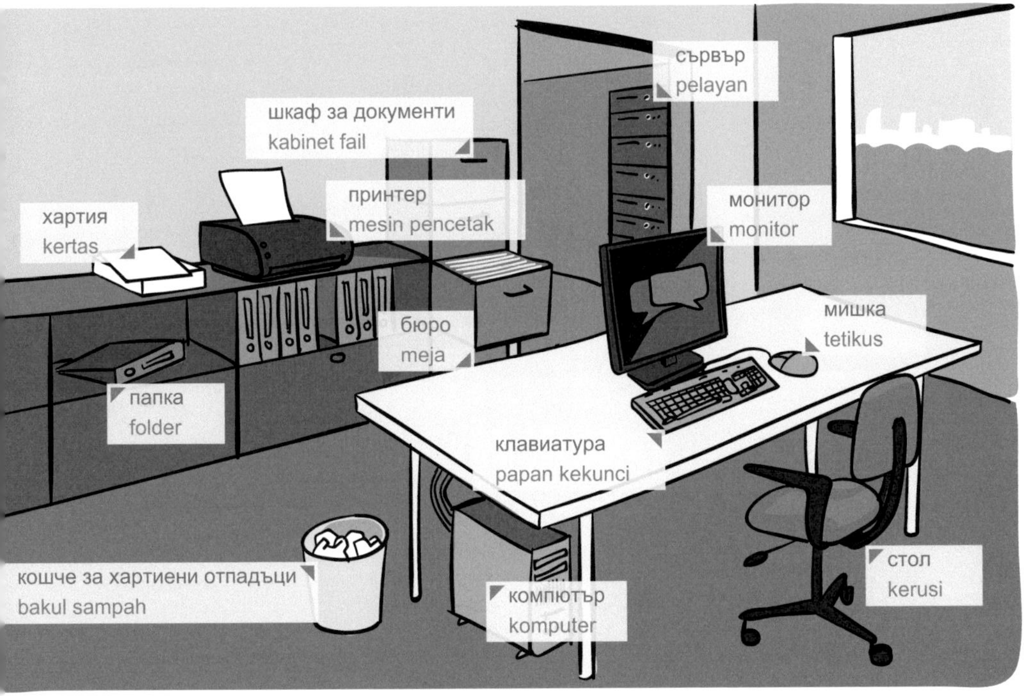

сървър
pelayan

шкаф за документи
kabinet fail

принтер
mesin pencetak

монитор
monitor

хартия
kertas

бюро
meja

мишка
tetikus

папка
folder

клавиатура
papan kekunci

кошче за хартиени отпадъци
bakul sampah

компютър
komputer

стол
kerusi

чаша за кафе

cawan kopi

джобен калкулатор

kalkulator

интернет

internet

лаптоп

komputer riba

писмо

surat

съобщение

mesej

мобилен телефон

mudah alih

мрежа

rangkaian

ксерокс

mesin fotokopi

софтуер

perisian

телефон

telefon

контакт

soket plag

факс

mesin faks

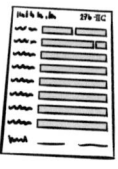

формуляр

bentuk

документ

dokumen

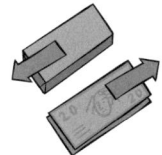

купувам

beli

плащам

bayar

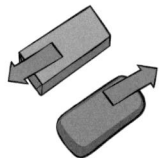

търгувам

berdagang

пари

wang

 **USD**

долар

dolar

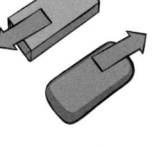 **EUR**

евро

euro

 **JPY**

йена

yen

 **RUB**

рубла

rubel

 **CHF**

швейцарски франк

franc swiss

 **CNY**

ренминби юан

renminbi yuan

 **INR**

рупия

rupee

банкомат

mata tunai

обменно бюро

pejabat tukaran mata wang

злато

emas

сребро

perak

нефт

minyak

енергия

tenaga

цена

harga

договор

kontrak

данък

cukai

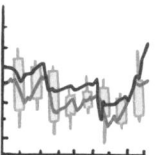

акция

stok

работя

kerja

служител

pekerja

работодател

majikan

фабрика

kilang

магазин за цветя

kedai

# професии
# pekerjaan

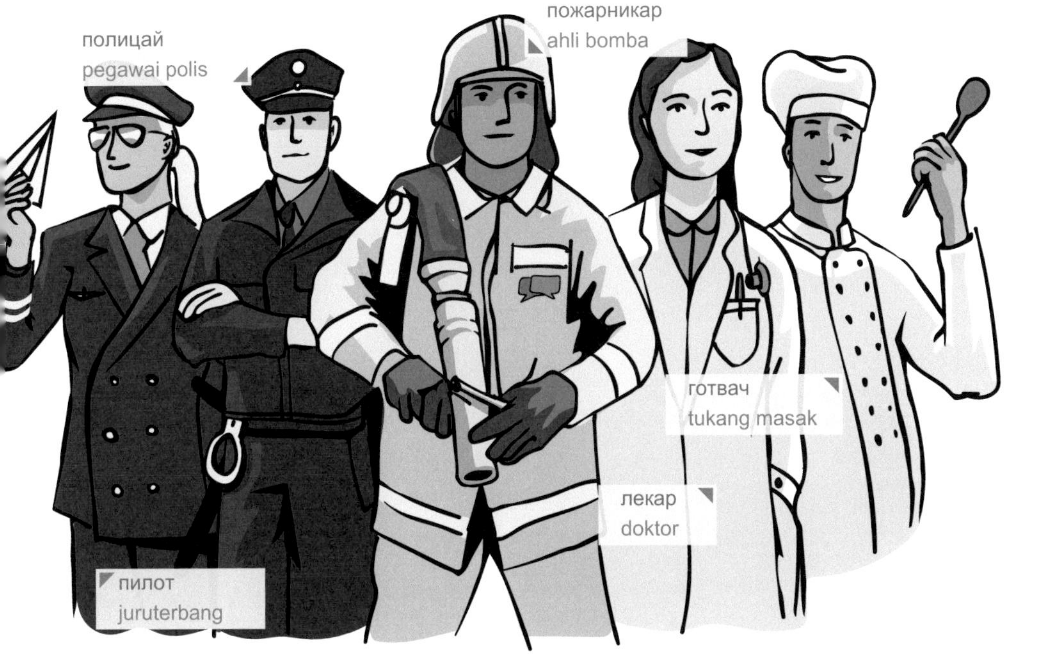
полицай
pegawai polis
пожарникар
ahli bomba
готвач
tukang masak
лекар
doktor
пилот
juruterbang

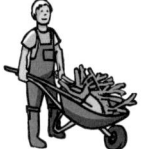

градинар

tukang kebun

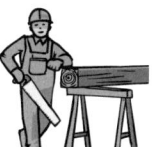

мебелист

tukang kayu

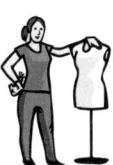

шивачка

tukang jahit

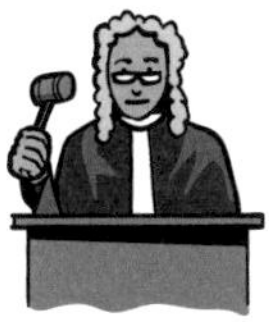

съдия

hakim

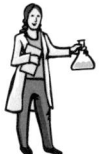

химик

ahli kimia

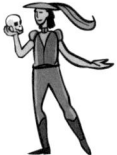

артист

pelakon

шофьор на автобус

pemandu bas

шофьор на такси

pemandu teksi

рибар

nelayan

чистачка

wanita pencuci

майстор на покриви

kasau

келнер

pelayan

ловец

pemburu

художник

pelukis

хлебар

bakeri

електротехник

juruelektrik

строителен работник

pembangun

инженер

jurutera

касапин

penjual daging

тенекеджия

tukang paip

пощальон

posmen

войник

askar

архитект

arkitek

касиер

juruwang

цветар

kedai bunga

фризьор

pendandan rambut

кондуктор

konduktor

механик

mekanik

капитан

kapten

зъболекар

doktor gigi

научен работник

ahli sains

равин

tuhanku

имàм

imam

монах

sami

свещеник

paderi

# инструменти

## alat

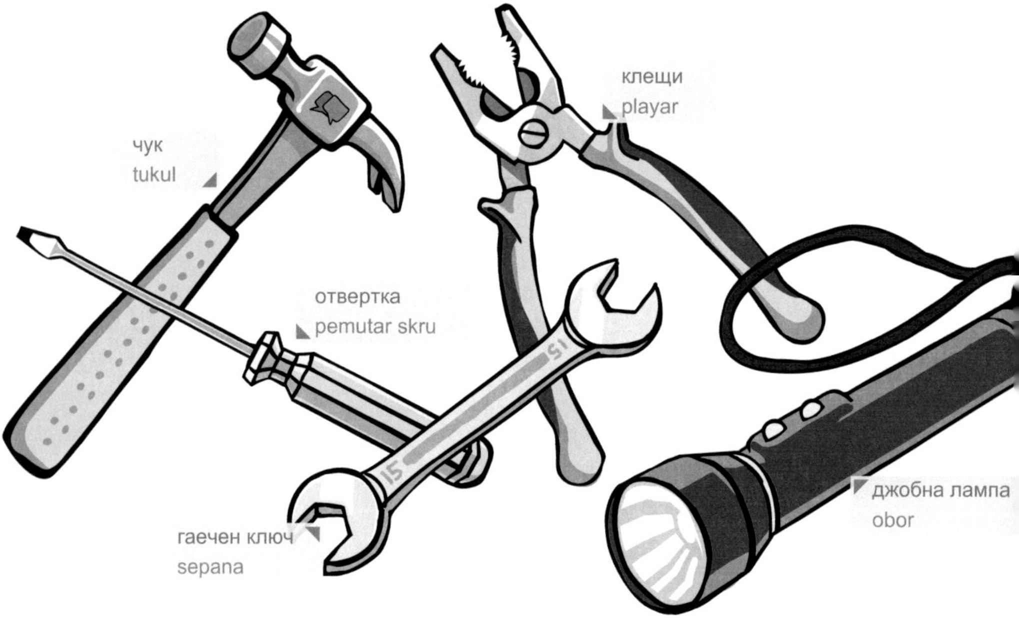
чук
tukul
клещи
playar
отвертка
pemutar skru
гаечен ключ
sepana
джобна лампа
obor

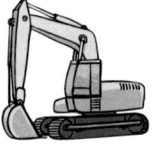

багер

pengorek

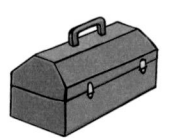

кутия за инструменти

kotak peralatan

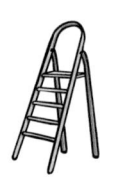

стълба

tangga

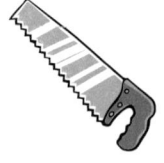

трион

gergaji

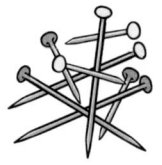

пирони

kuku

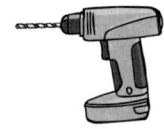

бормашина

gerudi

ремонтирам

baiki

лопата

penyodok

По дяволите!

Celaka!

лопатка за смет

penadah sampah

кутия за боя

periuk cat

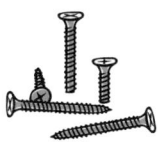

болтове

skru

## музикални инструменти
## alat muzik

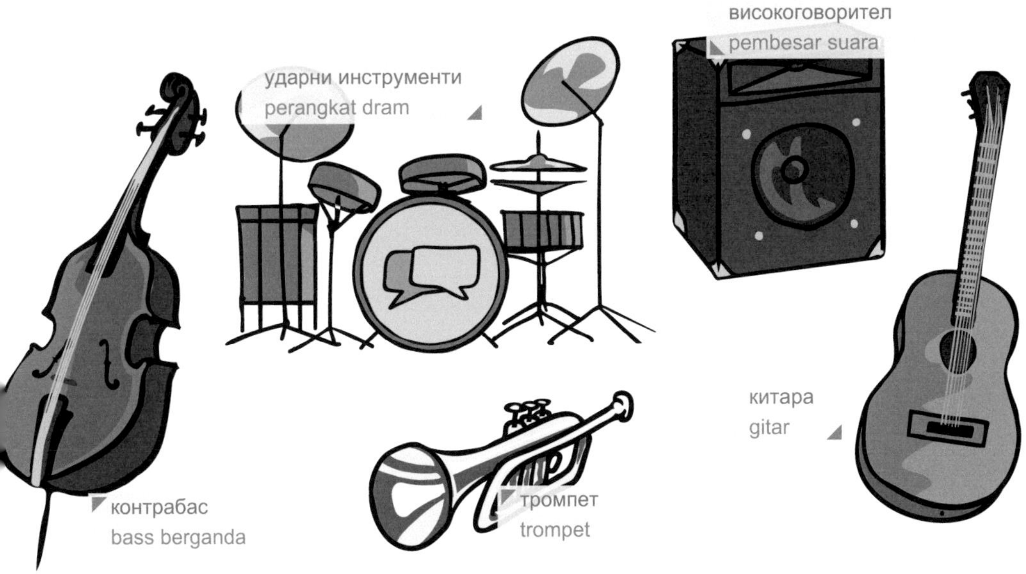

високоговорител
pembesar suara

ударни инструменти
perangkat dram

китара
gitar

контрабас
bass berganda

тромпет
trompet

пиано

piano

виолина

biola

контрабас

bass

тимпан

timpani

барабан

dram

електрическо пиано

papan kekunci

саксофон

saksofon

флейта

seruling

микрофон

mikrofon

# зоологическа градина

## zoo

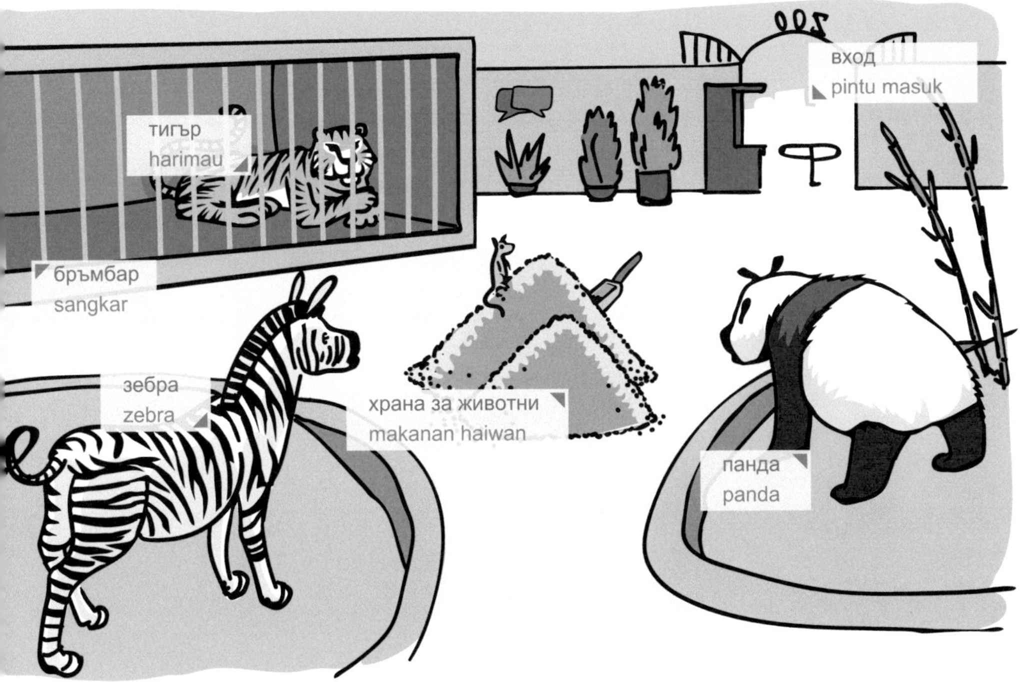
zoo
вход
pintu masuk
тигър
harimau
бръмбар
sangkar
зебра
zebra
храна за животни
makanan haiwan
панда
panda

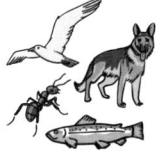

животни

haiwan

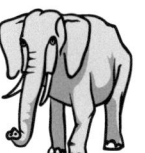

слон

gajah

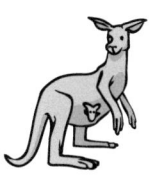

кенгуру

kanggaru

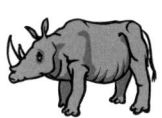

носорог

badak sumbu

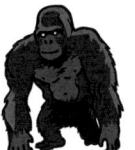

горила

gorila

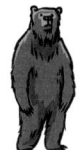

мечка

beruang

камила

unta

щраус

burung unta

лъв

singa

маймуна

monyet

фламинго

flamingo

папагал

nuri

бяла мечка

beruang kutub

пингвин

penguin

акула

yu

паун

merak

змия

ular

крокодил

buaya

пазач в зоологическа
градина

penjaga zoo

тюлен

anjing laut

ягуар

jaguar

пони

kuda

леопард

harimau

хипопотам

badak air

жираф

zirafah

орел

helang

диво прасе

babi jantan

риба

ikan

костенурка

penyu

морж

anjing laut

лисица

musang

газела

rusa

американски футбол
bola sepak Amerika

колоездене
berbasikal

тенис
tenis

баскетбол
bola keranjang

плуване
renang

бокс
tinju

хокей на лед
hoki ais

футбол
bola sepak

бадминтон
badminton

лека атлетика
olahraga

хандбал
bola baling

ски бягане
ski

поло
polo

скачам
lompat

прегръщам
peluk

смея се
ketawa

вървя
berjalan

пея
menyanyi

сънувам
mimpi

моля се
berdoa

целувам
cium

пиша
tulis

рисувам
lukis

показвам
tunjuk

бутам
tolak

давам
beri

взимам
ambil

имам

ada

правя

buat

съм

ialah

стоя

berdiri

тичам

lari

дърпам

tarik

хвърлям

buang

падам

jatuh

лежа

tipu

чакам

tunggu

нося

bawa

седя

duduk

обличам

pakai

спя

tidur

събуждам се

bangkit

дейности - aktiviti

разглеждам

lihat pada

плача

menangis

милвам

strok

реша се

sikat

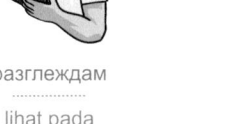

говоря

cakap

разбирам

faham

питам

tanya

слушам

dengar

пия

minum

ям

makan

разтребвам

mengemas

обичам

sayang

готвя

masak

карам автомобил

pandu

летя

terbang

плавам (с платна)

belayar

смятане

kira

чета

baca

уча

belajar

работя

kerja

женя се

nikah

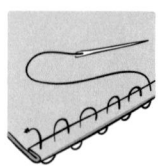

шия

jahit

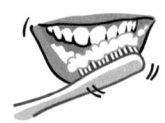

измивам си зъбите

memberus gigi

убивам

bunuh

пуша

asap

изпращам

hantar

баба
nenek

дядо
datuk

баща
bapa

майка
ibu

бебе
bayi

дъщеря
anak perempuan

син
anak lelaki

посетител

tetamu

леля

mak cik

чичо

pak cik

брат

abang

сестра

kakak

# тяло

# badan

чело
dahi
око
mata
рамо
bahu
пръст
jari
лице
muka
брадичка
dagu
ръка
tangan
гърди
dada
крак
kaki
ръка
lengan


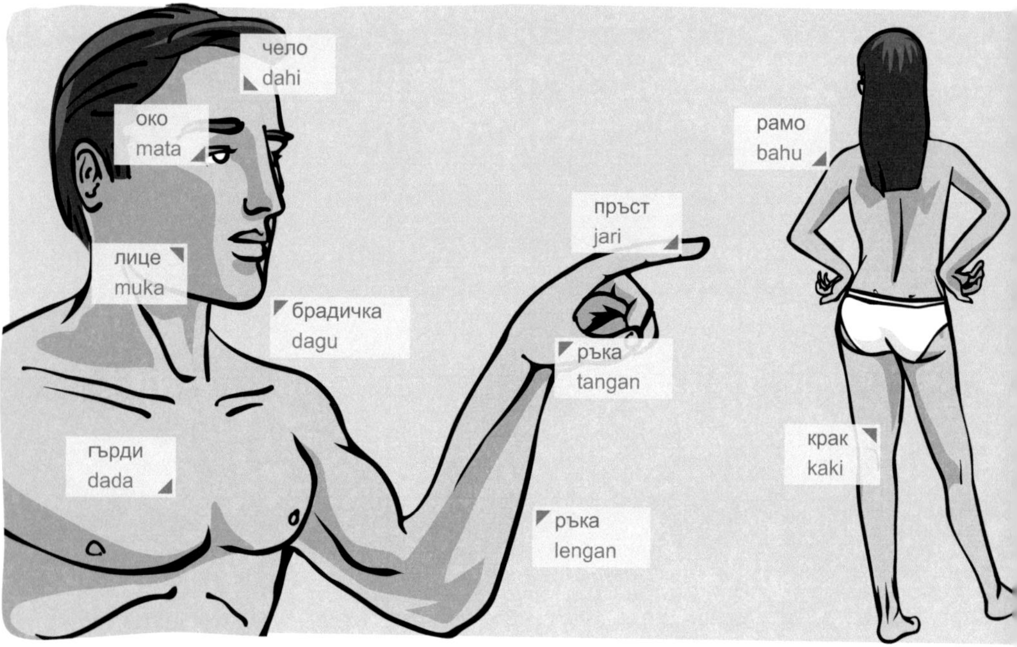

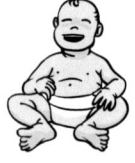

бебе

bayi

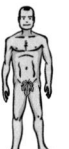

мъж

lelaki

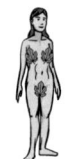

жена

wanita

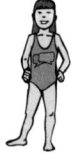

момиче

perempuan

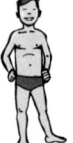

момче

lelaki

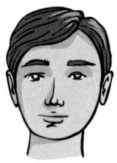

глава

kepala

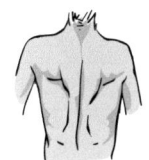

гръб

belakang

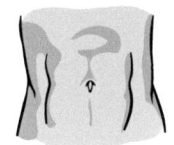

корем

bawah perut

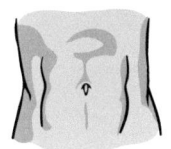

пъп

pusat

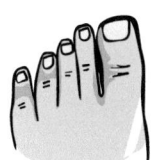

пръст на крака

jari kaki

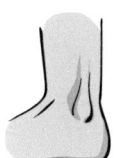

пета

tumit

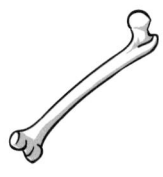

кост

tulang

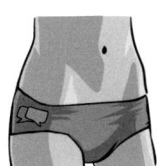

хълбок

pinggul

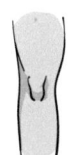

коляно

lutut

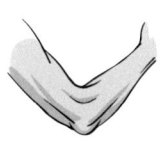

лакът

siku

нос

hidung

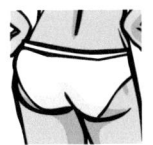

седалище

bawah

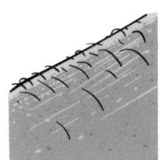

кожа

kulit

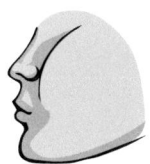

буза

pipi

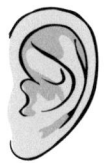

ухо

telinga

устна

bibir

уста

mulut

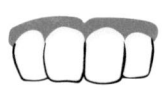

зъб

gigi

език

lidah

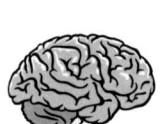

мозък

otak

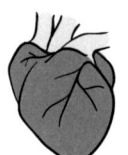

сърце

hati

мускул

otot

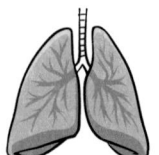

бял дроб

paru-paru

черен дроб

hati

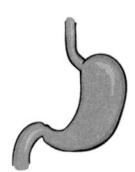

стомах

perut

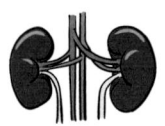

бъбреци

buah pinggang

полово сношение

seks

кондом

kondom

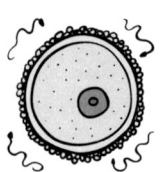

яйцеклетка

faraj

сперма

mani

бременност

mengandung

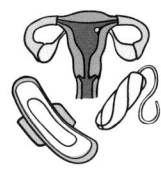

менструация

haid

вагина

faraj

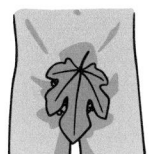

пенис

penis

вежда

kening

коса

rambut

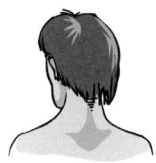

шия

leher

тяло - badan

# болница
# hospital

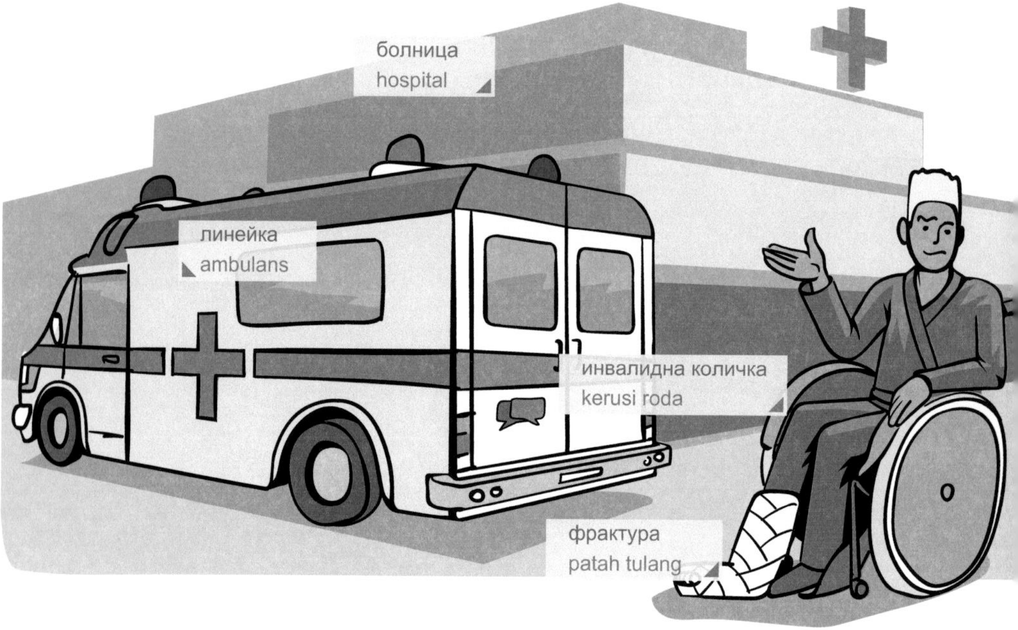

болница
hospital
линейка
ambulans
инвалидна количка
kerusi roda
фрактура
patah tulang


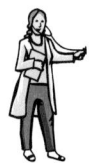

лекар

doktor

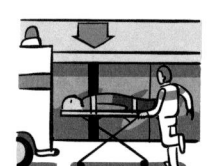

спешна хоспитализация

bilik kecemasan

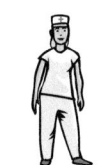

медицинска сестра

jururawat

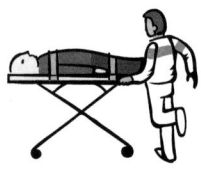

спешен случай

kecemasan

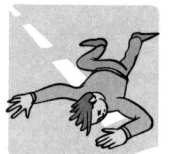

в безсъзнание

tak sedar

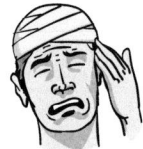

болка

sakit

нараняване

kecederaan

кървене

pendarahan

инфаркт

serangan jantung

инсулт

strok

алергия

alergi

кашлица

batuk

температура

demam

грип

selesema

диария

cirit-birit

главоболие

sakit kepala

рак

kanser

диабет

diabetes

хирург

pakar bedah

скалпел

pisau bedah

операция

pembedahan

болница - hospital

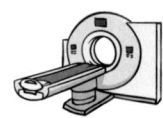

компютърна томография

CT

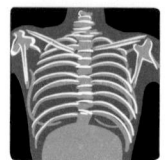

рентген

x-ray

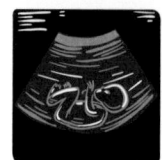

ултразвук

ultrabunyi

маска

topeng muka

болест

penyakit

чакалня

bilik menunggu

патерица

penongkat

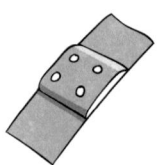

пластир

plaster

превръзка

pembalut

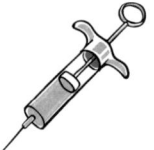

инжекция

suntikan

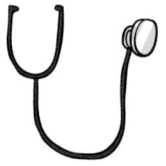

стетоскоп

stetoskop

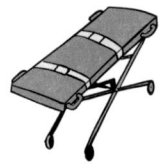

носилка

pengusung

термометър

termometer klinik

раждане

kelahiran

наднормено тегло

berat badan berlebihan

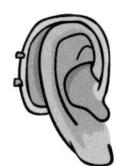

слухов апарат

alat pendengaran

дезинфекционно средство

disinfektan

инфекция

jangkitan

вирус

virus

HIV / AIDS

HIV / AIDS

медицина

perubatan

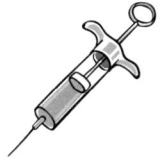

ваксинация

vaksinasi

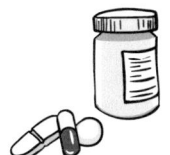

таблети

tablet

противозачатъчна таблетка

pil

спешно телефонно обаждане

panggilan kecemasan

апарат за измерване на кръвното налягане

pantau tekanan darah

болен / здрав

sakit / sihat

Помощ!

Tolong!

сигнал за тревога

penggera

нападение

serang

атака

serangan

опасност

bahaya

аварийен изход

pintu kecemasan

Пожар!

Api!

пожарогасител

alat pemadam api

злополука

kemalangan

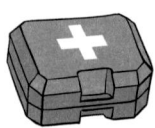

комплект за оказване на
първа помощ

alat pertolongan cemas

SOS

SOS

полиция

polis

Европа

Eropah

Северна Америка

Amerika Utara

Южна Америка

Amerika Selatan

Африка

Afrika

Азия

Asia

Австралия

Australia

Атлантически океан

Atlantic

Тихи океан

Pasifik

Индийски океан

Lautan Hindi

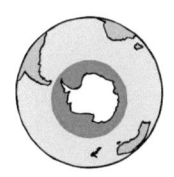

Южен ледовит океан

Lautan Antartik

Северен ледовит океан

Lautan Artik

Северен полюс

Kutub utara

Южен полюс

Kutub Selatan

Антарктида

Antartika

Земя

bumi

суша

tanah

море

laut

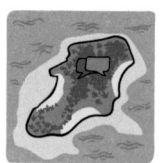

остров

pulau

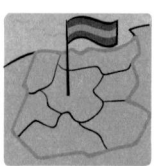

нация

negara

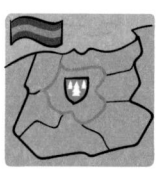

държава

negeri

циферблат

muka jam

стрелка на часовете

tangan jam

стрелка на минутите

tangan minit

стрелка на секундите

terpakai

Колко е часът?

Jam berapa sekarang

ден

hari

време

masa

сега

sekarang

дигитален часовник

jam digital

минута

minit

час

jam

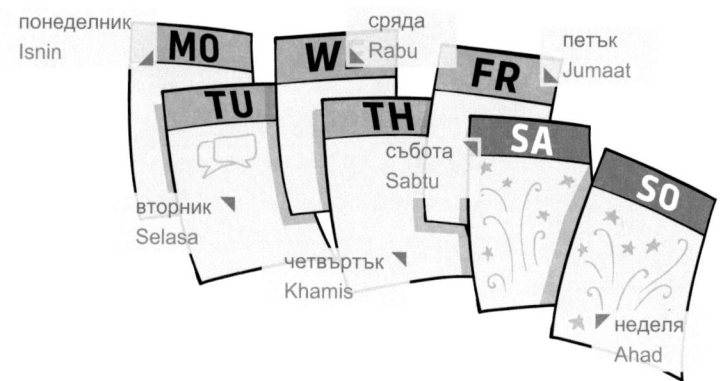

понеделник
Isnin

вторник
Selasa

сряда
Rabu

четвъртък
Khamis

събота
Sabtu

петък
Jumaat

неделя
Ahad

вчера

semalam

днес

hari ini

утре

esok

сутрин

pagi

обед

tengah hari

вечер

petang

работни дни

hari kerja

уикенд

hari minggu

дъга
pelangi

дъжд
hujan

сняг
salji

вятър
angin

пролет
musim bunga

есен
musim luruh

лято
musim panas

зима
musim salji

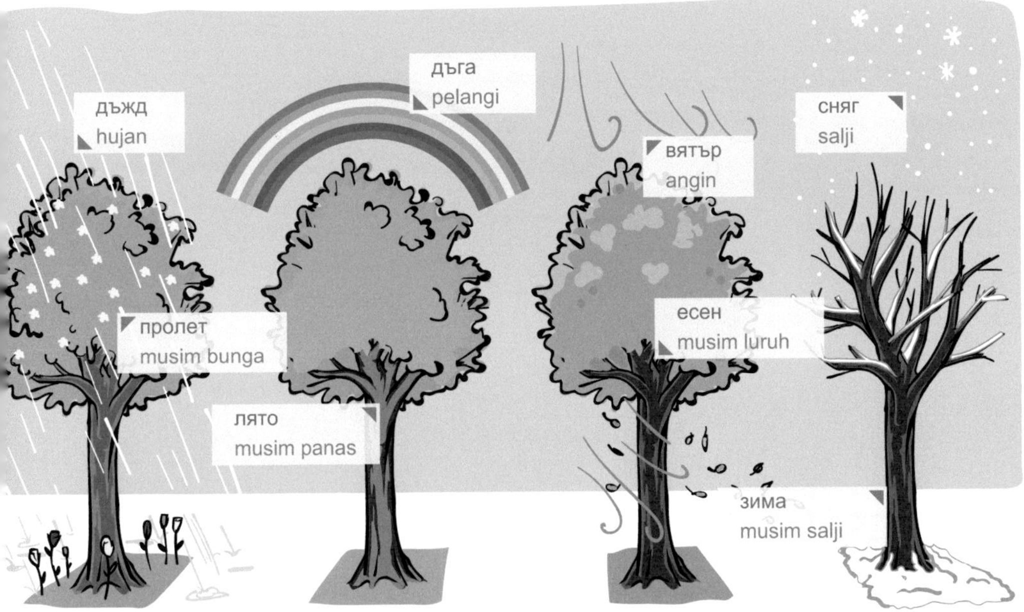

прогноза за времето

ramalan cuaca

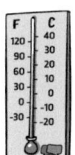

термометър

termometer

слънчева светлина

sinar matahari

облак

awan

мъгла

kabus

влажност на въздуха

lembapan

светкавица

kilat

гръмотевица

petir

буря

ribut

градушка

hujan batu

мусон

monsun

наводнение

banjir

лед

ais

януари

Januari

февруари

Februari

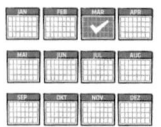

март

Mac

април

April

май

Mei

юни

Jun

юли

Julai

август

Ogos

година - tahun

септември
..................
September

октомври
..................
Oktober

ноември
..................
November

декември
..................
Disember

# форми
# bentuk

кръг
..................
bulatan

квадрат
..................
petak

четириъгълник
..................
segi empat tepat

триъгълник
..................
segitiga

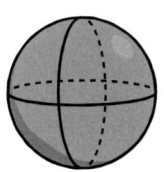

сфера
..................
sfera

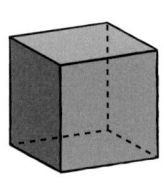

куб
..................
kiub

бял

putih

жълт

kuning

оранжев

oren

розов

merah jambu

червен

merah

лилав

ungu

син

biru

зелен

hijau

кафяв

coklat

сив

kelabu

черен

hitam

много / малко

banyak / sedikit

ядосан / спокоен

marah / tenang

красив / грозен

cantik / hodoh

начало / край

bermula / tamat

голям / малък

besar kecil

светъл / тъмен

terang / gelap

брат / сестра

abang / kakak

чист / мръсен

bersih / kotor

пълен / непълен

lengkap / tidak lengkap

ден / нощ

hari / malam

мъртъв / жив

mati / hidup

широк / тесен

luas / sempit

ядлив / неядлив

boleh dimakan / tidak boleh dimakan

сърдит / любезен

jahat / baik

развълнуван / скучаещ

teruja / bosan

дебел / тънък

gemuk / kurus

най-напред / най-накрая

pertama / terakhir

приятел / враг

kawan / musuh

пълен / празен

penuh / kosong

твърд / мек

keras / lembut

тежък / лек

berat / ringan

глад / жажда

lapar / dahaga

болен / здрав

sakit / sihat

нелегален / легален

menyalahi undang-undang / undang-undang

интелигентен / глупав

pintar / bodoh

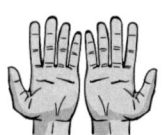

ляво / дясно

kiri / kanan

близо / далече

dekat / jauh

нов / употребяван

baru / lama

нищо / нещо

tiada / sesuatu

стар / млад

tua / muda

вкл. / изкл.

hidup / mati

отворен / затворен

terbuka / tertutup

тих / силен (звук)

diam / bising

богат / беден

kaya / miskin

правилен / погрешен

betul / salah

грапав / гладък

kasar / halus

тъжен / щастлив

sedih / gembira

дълъг / къс

pendek / panjang

бавен / бърз

lambat / laju

мокър / сух

basah / kering

топъл / студен

panas / sejuk

война / мир

berperang / berdamai

противоположности - berlawanan

**0**

нула

sifar

**1**

едно

satu

**2**

две

dua

**3**

три

tiga

**4**

четири

empat

**5**

пет

lima

**6**

шест

enam

**7**

седем

tujuh

**8**

осем

lapan

**9**

девет

sembilan

**10**

десет

sepuluh

**11**

единадесет

sebelas

## 12
дванадесет
dua belas

## 13
тринадесет
tiga belas

## 14
четиринадесет
empat belas

## 15
петнадесет
lima belas

## 16
шестнадесет
enam belas

## 17
седемнадесет
tujuh belas

## 18
осемнадесет
lapan belas

## 19
деветнадесет
Sembilan belas

## 20
двадесет
dua puluh

## 100
сто
ratus

## 1.000
хиляда
ribu

## 1.000.000
милион
juta

английски

Bahasa Inggeris

американски английски

Bahasa Inggeris Amerika

китайски мандарин

Bahasa Cina Mandarin

хинди

Bahasa Hindi

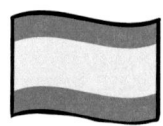

испански

Bahasa Sepanyol

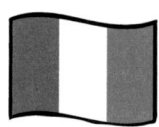

френски

Bahasa Perancis

арабски

Bahasa Arab

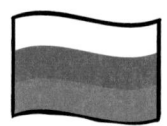

руски

Bahasa Rusia

португалски

Bahasa Portugis

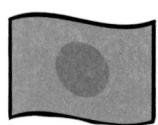

бенгалски

Bahasa Benggali

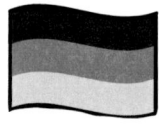

немски

Bahasa Jerman

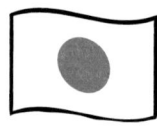

японски

Bahasa Jepun

аз

saya

ти

anda

той / тя / то

dia / dia / ia

ние

kita

вие

anda

те

mereka

кой?

siapa?

какво?

apa?

как?

bagaimana?

къде?

di mana?

кога?

bila?

име

nama

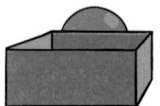

зад
belakang

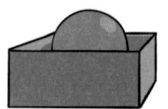

в
dalam

пред
di hadapan

над
lebih

върху
pada

под
di bawah

до
bersebelahan

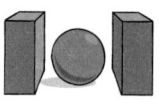

между
antara

място
tempat